WHAT GOOD DOES IT DO
FOR A PERSON TO WAKE UP
ONE MORNING THIS SIDE
OF THE NEW MILLENNIUM

WHAT GOOD DOES IT DO FOR A PERSON TO WAKE UP ONE MORNING THIS SIDE OF THE NEW MILLENNIUM

KIM SIMONSEN

TRANSLATED FROM
THE FAROESE
BY RANDI WARD

DALLAS, TEXAS

Deep Vellum Publishing
3000 Commerce Street, Dallas, Texas 75226
deepvellum.org · @deepvellum

Deep Vellum is a 501c3 nonprofit literary arts organization founded in 2013 with the mission to bring the world into conversation through literature.

Originally published as *Hvat hjálpir einum menniskja at vakna ein morgun hesumegin hetta áratúsundið* in Faroese by Mentunargrunnur Studentafelagsins, Tórshavn, 2013

First English edition, 2025

Support for this publication has been provided in part by grants from the National Endowment for the Arts, the Texas Commission on the Arts, the City of Dallas Office of Arts and Culture, the Communities Foundation of Texas, and the Addy Foundation.

This work of poetry is presented as part of the Central Track Poetry Series, a collaboration between Deep Vellum and SMU's Project Poëtica.

Images in order of appearance: Maria Sibylla Merian, "Tabula XXIV." *Metamorphosis insectorum Surinamensium* (1705)
Leopoldo Caldani & Floriano Caldani, "Tabula CCXLIX." *Icones anatomicae* (1801-1813)
Johann Jakob Roemer, "Tabula I." *Genera insectorum Linnaei et Fabricii iconibus illustrate* (1789)
Maria Sibylla Merian, "Tabula XXVIII." *Metamorphosis insectorum Surinamensium* (1705)
Frederik Ruysch, "Tabula I." *Thesaurus anatomicus primus* (1701)

LIBRARY OF CONGRESS CATALOGING-IN-PUBLICATION DATA

Names: Simonsen, Kim, 1970- author. | Ward, Randi, translator.
Title: What good does it do for a person to wake up one morning this side of the new millennium / Kim Simonsen ; translated from the Faroese by Randi Ward.
Other titles: Hvat hjálpir einum menniskja at vakna ein morgun hesumegin hetta áratúsundið. English
Description: Dallas, Texas : Phoneme Media/Deep Vellum, 2025. | Parallel text in Faroese and English on facing pages.
Identifiers: LCCN 2024059407 (print) | LCCN 2024059408 (ebook) | ISBN 9781646053728 (trade paperback) | ISBN 9781646053858 (ebook)
Subjects: LCGFT: Poetry.
Classification: LCC PT7599.S48 H8313 2025 (print) | LCC PT7599.S48 (ebook) | DDC 839/.6991--dc23/eng/20250209
LC record available at https://lccn.loc.gov/2024059407
LC ebook record available at https://lccn.loc.gov/2024059408

Cover art by Maria Sibylla Merian
Cover design by Lexi Earle
Interior layout and typesetting by Andrea García Flores

PRINTED IN THE UNITED STATES OF AMERICA

CONTENTS

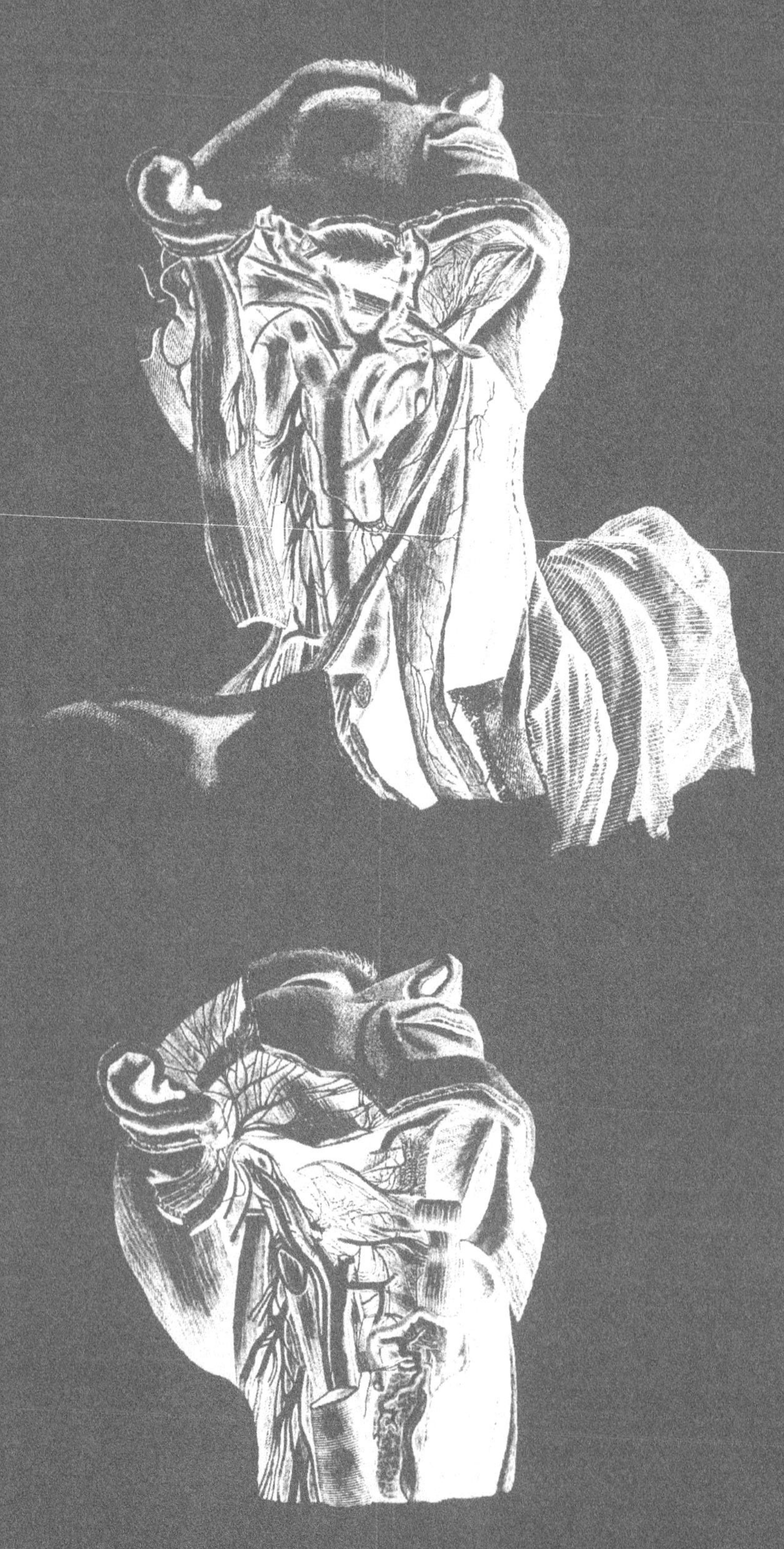

I.

Hesumegin hetta áratúsundið
huldi heglingsælið heimin.
Gerandisdagurin er léttari
at missa úr eygsjón,
nú ár og vikur eru ein trappa av luft,
tú bakkar niðan eftir
eitt fet í senn,
at enda hevur tú gloymt
bæði byrjan og enda,
síðani dettur tú niður,
heilt undir moldina,
so kavin kann kava á teg eisini.

This side of the new millennium,
a hail shower shrouded the world.
Everyday life is easier
to lose sight of
now years and weeks are a vaporous flight
of stairs you ascend backward,
one step at a time,
until you've forgotten
both beginning and end
then fall down
into the ground
so the snow can fall on you, too.

Hvat hjálpir einum menniskja at vakna ein morgun
hesumegin hetta áratúsundið.
Likamið gerst øska (øskan vigar níggju pund).
Einki endar, eingin frágreiðing finst.
Annað enn at orkan í heilanum er
sum ein tíggju watt pera.
Høvdið vigar avskorið níggju pund.
Menniskjatornið er sáð og ógitin egg,
ein frumskógur av bróstvørtum,
ið senda impulsir við 1.200 kilometra ferð
til kynið, frá andlitinum til stórutánna.

Andlitið brúkar 43 vøddar at snerkja við.

What good does it do for a person to wake up one morning
this side of the new millennium.
The body turns to ash (the ash weighs nine pounds).
No closure, no explanation to be found.
Except that the electrical currents of the brain are
like a ten-watt lightbulb's.
A decapitated head weighs nine pounds.
Humankind surges on via sperm and ova,
a jungle of mammillae,
firing off impulses at a speed of 1,200 kilometers an hour
to engender sex from head to toe.

The face uses 43 muscles to wince.

Í hesum áratúsundi ganga
vit fram við sjónum,
leita kring havsbrúnna,
traðka á steinar
undir mánanum,
har kaldir vindar
fáa teg at
ganga
og ganga longri,
har grønir taravaksnir steinar
fáa teg at snáva
aftur og aftur
um gátuna
handan steinar og mánar.

We walk along the seashore
in this millennium,
we search the horizon.
Beneath the moon,
we step from stone to stone.
The cold wind
drives you farther
and farther still,
where stones overgrown
with green seaweed
make you stumble
again and again
over the mystery
behind stones and moons.

Hvat hjálpir
at koma aftur
til hendan sjógvin?
Klára vatnið angar
av vatneygum og tárum.
Sólin sker vatnið
sum ein diamantknívur.

What good does it do
to return
to this seashore?
The clear water smells
of tidal pools and tears.
The sun cleaves the water
like a diamond blade.

Ravmagnstilvitið í mannahøvdinum
og í tínum eygum
fanst longu í fjarasta alheiminum—
og í hesum áratúsundi.

Tað, sum er fremmant við mær,
er ikki fremmant í tær.

The electric consciousness of the human mind,
within your eyes,
already existed in the farthest reaches of the universe—
and in this millennium.

The things about me that feel alien
don't seem as strange when I encounter them in you.

Millum hundrað milliardir galaksur,
við hundrað milliardum stjørnum í hvørjari,
skuldu vit enda her
og gløa eftir hasi stjørnuni,
ið vit kalla sólin,
við hasum brillunum
ið fáa teg at líkjast Woody Allen.

Among a hundred billion galaxies,
with a hundred billion stars in each,
we happened to end up here
staring at this star
we call the sun,
and those glasses
make you look like Woody Allen.

Hóast korallurin *Leiopathes* kann liva í 4.265 ár,
planturnar hava verið her í 450 milliónir ár,
og eg havi elskað teg eitt hálvt lív,
skal sólin vaksa seg til ein reyðan risa og eta jørðina.
Aftaná fer hon at standa sum ein hvítur dvørgur.
Enn reiða vit seingina.
Vakna við sama ringitónanum
á svørtu iPhone telefonini.
Drekka kaffi úr somu kannuni
við svarta lakkinum og silvurtútinum.
Eta havragrýn við brúnum músli við mjólk.
Hugsa um teir næstu mánaðirnar.
Havið og fjøllini eru líkasæl.
Líkasum skipini sum vit síggja langt burturi gjøgnum
vindeyguni.
Náttúran er líkasæl.
Tað eru bert vit, morgunin.
Her eina løtu.
Enn nerta okkara hendur hvørja aðra í myrkrinum.

Even though the coral *Leiopathes* can live 4,265 years,
and plants have been around for 450 million years,
and I've loved you half a lifetime,
the sun will expand to a red giant and consume the earth.
After that, she will shrink and linger as a white dwarf.
Yet we still make our bed,
wake up to the same alarm tone
on my black iPhone.
We still pour coffee from the same black
pot with the silver spout.
Still eat bran flakes and muesli with milk.
We think about the next few months.
The ocean and the mountains are indifferent,
just like the ships in the distance that we see through
the window.
Nature is indifferent.
It's just us, this morning.
Here for a moment.
Our hands still managing to find one another in the darkness.

Míni atom skulu spreingja heimin,
skapa nýggjar galaksur í einari óendaligari ringrás.
Eg vil vera *Homo sapiens*
og tey sum koma aftaná,
tey sum vóru her áðrenn vit.

My atoms are going to blow up the world,
create new galaxies in an infinite cycle.
I want to be *Homo sapiens*
and all those who were here before us,
and all those who will come after us.

Nú vit vita, at nýfunnar bakteriur
liva av jarninum
á botninum í hyljunum
rundan um kjarnan á atomreaktorum,
skal alt streyma ígjøgnum okkum,
meðan triðja áratúsundið dregur ein tráð
millum komandi ikki føddar kyknur
og hugin at liva.

Now that we know recently discovered bacteria
live off the iron
along the bottoms of the pools
that surround the cores of nuclear reactors,
everything is going to surge through us
while the third millennium draws spindles
between cells that have yet to be born
and the will to live.

Líkaglaður hugsi eg um føðiketurnar
hjá krákum og ravnum,
          eina løtu eta tey breyðini,
barnahendur geva teimum,
síðani pikka tey hol á eyguni
og drekka innihaldið.

I think about the food chains
of crows and ravens with indifference.
          One minute they're eating the bread
children toss to them,
the next they're picking holes in eyes
and scarfing the contents.

Vit eru tilvitað subjekt.
Objekt er tað, sum er deytt
og uttan tilvit.

We are a conscious subject.
Objects are things that are dead
or without consciousness.

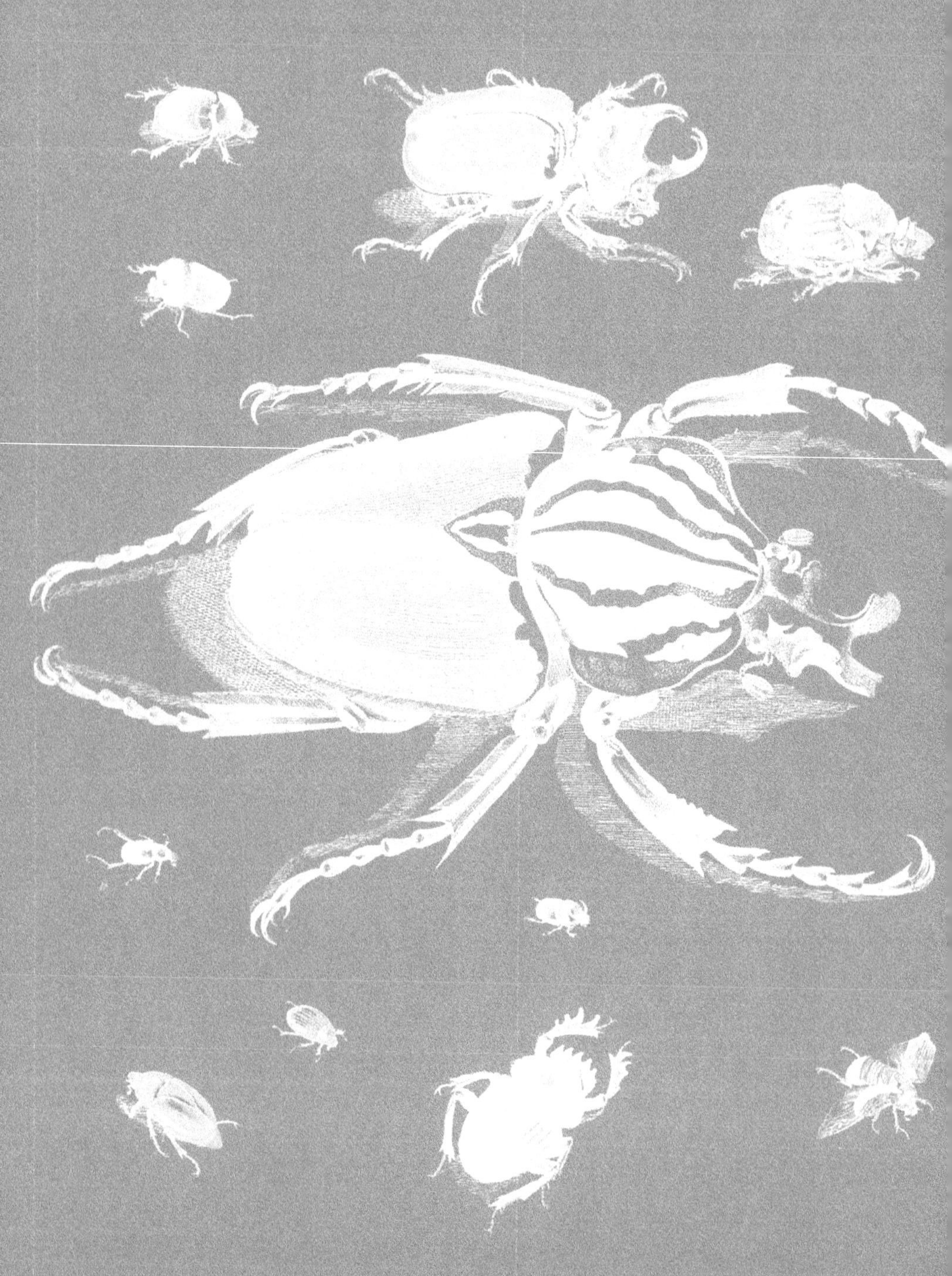

II.

Alt ber sín skugga.

Tá eg gangi
til hetta vatnið,
flyti eg meg fram við
landslagnum.
Fjøran,
himmalin,
fuglar.
Nú er skjótt heyst.
Ljósið kemur krúpandi.
Myrk mold.
Skjótt kemur kuldin.
Rímfrost sum eitt hekklað sjall.
Kavin skal leggja seg
oman á alt
sum eitt hvítt skinn.
Líkasum tá ístíðarlandslagið
kroysti jørðina
undir sær.

Everything bears its shadow.

When I walk
to this water,
I move along with
the landscape.
The shore,
the sky,
the birds.
Autumn is on its way.
The light comes crawling.
Dark soil.
Soon, it will turn cold.
Rime like a crocheted shawl.
A hide of snow
will cloak everything
in a heavy white
reminiscent of the ice age
glaciers that once sculpted
the earth.

*

Okkurt við sjónum,
gráa himlinum
og aldunum
fær meg
at hugsa um barnaárini.
So endaði summarið,
havið og lotið
rista minnini av sær.
Vit síggja helst ikki onnur summur saman.
Fýra brúnir dreparasniglar eta ljóðleyst
tveir nógv minni svartar sniglar í grasinum.
Grasið er brúnt.
Eitt landslag av stillari týning.
Seinast eg sletti fínt salt á dreparasniglarnar
í urtagarðinum hjá tær
úr einum reyðum pakka
við hvítum bókstavum á,
ringdu teir seg saman
og sprongdust,
meðan grønir innvølir spríktu fram.

*

Something about the sea,
the gray sky,
and the waves
makes me
think about my childhood.
Summer drew to an end,
the sea and mild breeze
shake off the memories.
We probably won't have another summer together.
In the brown grass,
four brown killer slugs silently devour
two smaller black slugs.
A landscape of silent annihiliation.
The last time I sprinkled salt,
from a red box
with white lettering,
on the killer slugs in your garden,
they shriveled up
writhing until their green
guts burst open and oozed out.

*

Eg skal búgva her eina tíð
í einum gulum húsi,
við nógvum smáum rúmum,
ið einaferð var eitt barnaheim
fyri dreingir.
Norski kongurin Håkon vitjaði her
í 1907.
Tú ringir ikki til mín longur.

*

I'm going to live here for a time
in a yellow house
that has many tiny rooms.
It used to be an orphanage
for boys.
King Haakon of Norway paid a visit
in 1907.
You don't call me anymore.

*

Eg eri føddur á einari oyggj.
Oyggjar eru umgyrdar av sjógvi.
Eg føli meg heima á einari oyggj.
Bert á einari oyggj.
Vit eru á hvør sínari oyggj,
eg sakni teg
og orki ikki at hugsa um
lívið uttan teg.
Nú er kalt at svimja á sjónum.

*

I was born on an island.
Islands are surrounded by water.
I feel at home on an island.
Only on an island.
But now we are on separate islands.
I miss you
and can't stand the thought
of a life without you.
The sea is cold for swimming now.

*

Í gjár fekk eg fepur.
Líkasum tá várið ikki kom,
og nú
summarið hvarv
alt ov skjótt.
Í morgun lógu trý brún bløð á gólvinum.
Ein heilsan á sovikamarsgólvinum
frá bjørkunum uttanfyri.
Eg havi ilt í hálsinum.
Vit tosa ikki saman longur.

*

I came down with a fever yesterday.
Kind of like this past spring that never was,
and now
summer's gone
way too fast.
There were three brown leaves on the floor this morning.
A greeting on my bedroom floor
from the birch trees outside.
I have a sore throat.
We don't talk anymore.

*

Greinarnar á trøunum
flyta seg ógvusliga í vindinum.
Eg búgvi einsamallur her.
Kalendarin sigur,
at dagurin er styttur
við 3 tímum og 50 minuttum.
Eingin ringdi í dag.

*

The tree branches
thrash about in the wind.
I live alone here.
The calendar says
the day has grown shorter
by 3 hours and 50 minutes.
Nobody called today.

*

Tað regnar,
urtagarðurin er vátur og kaldur.
Tad er týsdagur 3. september.
Eg havi helst eitt virus.
Eg gangi fram við vatninum.
Tað er óhugsandi at svimja nú.
Hugsi um deyða taran
og alt lívið,
ið spírar, tá hann doyr.

*

It's raining,
the garden is cold and wet.
It's Tuesday, September 3rd.
I probably have a virus.
I walk along the water's edge.
Swimming is out of the question now.
I think about the dead seaweed
and all the life
that springs from its decay.

*

Tað eru milliónir viruspartiklar
í einum millilitri av sjógvi.
Løgdu vit allar partiklar á rað,
strektu teir seg
200 milliónir ljósár út í rúmdina.
Á latíni merkir virus
slímut veska ella gift.
Sjógvurin er eisini ein slímut veska,
vit eru slímut veska,
sjálvt vætan inni í tínum eygum,
ið eg elski so nógv,
er gjørd av fiskalýsi.
Okkara heili er feitt og lýsi.
Vit flyta slímuta vesku millum okkum.
Okkara tankar svimja í lýsi, feitti og slími.
Í hesum nýggja áratúsundinum
skal slímið streyma millum øldir.

*

There are millions of virions
in a milliliter of seawater.
If we lined all of the virus particles up
end to end, they'd stretch
200 million light years out into space.
In Latin, the word virus
means slimy liquid or poison.
Seawater is also a viscous liquid,
and we are mostly viscous liquid.
Even your eyes,
that I love so much,
owe their glisten to fish oil.
Our brains are fat and oil.
Our thoughts swim in lipids and mucus.
Back and forth between us, our bodily fluids mingle.
In this new millennium,
cytoplasm is going to surge through the ages.

*

Walter Reed fann virusið
í menniskjanum í 1901.
Virus eru ikki livandi.
Virus er kompleks lívrunnin materia.
Líkasum virus eru vit kompleks,
men vit eru livandi.
Virus hava onga orku
og kunnu ikki endurskapa seg,
tað kunnu tey bert gjøgnum aðrar kyknur.
Soleiðis sæð líkjast vit meiri einum virusi enn sniglinum.

*

In 1901, Walter Reed discovered the first species of virus
known to infect humans.
Viruses are not living organisms.
They are complex organic matter.
We are also complex, like viruses,
but we are alive.
Viruses don't have their own metabolism,
and they can only replicate
inside the cells of a host organism.
In this sense, we are more like a virus than a slug.

*

Eg eri partvís eitt virus nú.
Mítt virus leingist eftir einum verti,
onkrum eg kann smitta.
Virusið hevur sett seg í oyruni.
Alt ljóðar, sum um tað er ball alla náttina
hjá grannanum, har bassrútman fær alt at darra.
Eg fari í song aftur.
Eg droymi um ístíðina,
hon ið var einaferð.
Eg skal skifta ham.
Tað er myrkt nú.
Kærleikin er doyggjandi.

*

I'm part virus now.
My virus longs for a host,
someone I can infect.
It has spread to my ears.
Almost feels like there's an all-night party
upstairs, the pounding bass makes everything vibrate.
I go back to bed
and dream of the ice age
that once was.
I'm going to slip this skin.
It's dark now.
Love is dying.

*

Tá eg gekk á háskúla,
lærdi eg um djórini,
steinar og søguna hjá náttúruni.
Tá dugdi eg hana betur enn nú,

prekambrium
ordovicium
silur
devon
perm
trias
jura.

Dugdi ramsuna uttanat.
Sum týskt í 8. flokki,

durch
für
gegen
ohne

wider

um.

*

When I went to high school,
I learned about animals,
rocks, and natural history.
I knew it better than I do now:

Precambrian
Ordovician
Silurian
Devonian
Permian
Triassic
Jurassic.

I could rattle it off by heart.
Like eighth grade German:

durch
für
gegen
ohne

wider

um.

Lærarin hataði meg. Hann hevði brúnan klædning
og ljóst hár.
Og steinar sum,

granit

porfyr

basalt

diabas.

The teacher hated me. He had a brown suit
and blond hair.
And stones like:

granite

porphyry

basalt

diabase.

Eg minnist einki annað frá háskúlanum.
Annað enn at lærarin hjá mær æt Gedde til eftirnavn,
eg skilti ikki at nakar kundi eita eftir
einum so ljótum fiski,
sum at eita krutt ella rognkelsi til eftirnavn.

I don't remember anything else from high school.
Except that my teacher's last name was Pike.
I didn't understand how someone could be named after
such an ugly fish.
It'd be like having sea scorpion or lumpsucker for a surname.

*

Eg gleði meg ikki.
Eg eri bara her.
Eg fylli í morgin.

*

I'm not looking forward to it.
I'm just here.
Tomorrow's my birthday.

*

Lærarin Gedde segði,
at jørðin varð skapt fyri 4,6 milliardum
árum síðani.
800 milliónir ár seinni
var lív í hesum sjónum.
Fyri 600 milliónum árum síðani
lá hendan oyggin sunnan fyri ekvator.
Her eru spor eftir høgguslokki,
ið livdi fyri 450 milliónum árum síðani.
Eg veit ikki, um vit settu nakað spor yvirhøvur.

*

My teacher, Mr. Pike, said
that the earth was created over 4.6 billion
years ago.
There was life in this sea
800 million years after that.
This island was located south of the equator
600 million years ago.
Here are the trace fossils left by a squid
that lived 450 million years ago.
I don't know if we've left any traces at all.

*

Eg elski klassifikatiónir,
men hvør hevur skipað heimin
í djóraríkið,
mineralríkið,
planturíkið?
Hvør kann hjálpa mær
at finna eitt pláss
í heiminum,
tá tú ikki
ert her longur?

*

I love classifications,
but who has organized the world
into the animal kingdom,
the mineral kingdom,
the plant kingdom?
Who can help me
find a place
in this world
now that you are
no longer here?

*

Tá Darwin var í Suðuramerika,
beit ein stór klukka hann.
Chiasognathus grantii
kalla vit Darwinsa klukku í dag.

*

When Darwin was in South America,
a giant stag beetle bit him.
We call *Chiasognathus grantii*
Darwin's beetle to this day.

*

Fyrstu ferð eg var í London,
fór eg á Natural History Museum
og spurdi tey um
eg kundi sleppa at síggja savnið av klukkum.
Fjórða hvør livandi vera á jørðini er ein klukka.
Enn kenna vit bert 350.000
av teimum trimum milliónunum,
sum eru til.
Hendan tíðin,
har bløðini
byrja at rotna,
har trøini brúnkast
innanífrá
er tíðin hjá klukkunum.
Tíðin, har alt endar.
Eg siti einsamallur
á einum træstubba
og merki alt søkka inn yvir meg.
Sorlist
millum
bløðini í skóginum,
ringi meg saman.

*

The first time I was in London,
I went to the Natural History Museum
and asked if they
would let me see their collection of beetles.
One out of every four living beings on earth is a beetle.
We've only identified 350,000
of the three million beetles
that exist.
This time of year,
when the leaves
begin to decompose
and the trees turn tawny
from the inside out,
is the season of beetles.
The time when everything comes to an end.
I sit alone
on a tree stump
and feel it all sinking in.
I double over,
go to pieces
among
the leaves in the forest.

*

Allir flugugranskarar savna flugur av sorg og einsemi.
Mýggjabitar drekka mítt blóð í kvøld,
tær (ja tað eru bert honir, ið bíta)
spræna eina doyving inn gjøgnum húðina,
tí merkja vit ikki
at hon sýgur blóðið,
aftaná er tað sama doyvingarevnið,
ið ger, at tað skriðar.
Mýggjabitar skera eitt lítið hol á húðina
teirra trantur er ikki eitt súgvirør,
men seks ymisk tól,
fýra bløð
sum skera fyri
og hjálpa við at finna blóðið.
Ein partur av trantinum sendir spýtt,
ið doyvir likamið,
meðan ein annar sýgur blóðið.
Fyri hesi kykt eri eg ein hjallur av blóði.

*

All entomologists collect insects out of sorrow and loneliness.
Mosquitoes are drinking my blood tonight.
They (yes, it's only the females that bite)
inject a numbing agent into the skin,
and that's why we don't notice
when they're sucking our blood.
It's the same proteins in their saliva
that make us itch after the fact.
Mosquitoes slice a little hole in the skin.
A mosquito's proboscis is not like a straw,
it has six different tools.
Four blades
puncture the skin
to help locate blood,
one part injects saliva
that numbs the body,
and another sucks the blood.
To these creatures, I'm just a larder of blood.

*

Eg eri noyddur at ganga enn ein túr,
nú náttin kemur,
vindurin og regnið
fjala alt.
Hendan tíðin minnir meg um,
tá eg í eitt hálvt ár drakk meg fullan
av bíligum pappvíni
hvørt kvøld av hjartasorg.
Um øll tey árini
eg sat uppi um náttina,
spældi stillan tónleik
og skrivaði.
Eg má fara inn aftur nú.
Mýggjabitarnir skríggja í mínum oyrum
um alt, eg ikki havi hug at minnast.

*

I have to take another walk
now that night's falling,
the wind and rain
mask everything.
This time in my life reminds me of
the six months I spent
heartbroken and drunk
on boxed wine every night.
Reminds me of all the years
I sat up late
playing soft music
and writing.
I need to head back inside now.
The mosquitoes are whining in my ears
about everything I don't want to remember.

*

Á strondini finni eg ein fuglaskølt.
Vit finna ongantíð beinagrindir av fólki.
Eygnaholurnar eru svartar.
Vit hava slept teimum deyðu í eitt hol í jørðini
uttan fyri kirkjurnar.
Tað ger meg syrgnan.
Í París sá eg einaferð stakkar av skøltum.
Eg kenni ikki fuglarnar her.

Tá John James Audubon
var 34 ára gamalur,
avgjørdi hann at mála allar fuglarnar í Amerika
við vatnlitamyndum.
Frá 1827-1838 kom bókin *Birds of America*
spakuliga undan kavi.

Audubon málaði yvir 700 fuglar
ið hann skeyt og drap.

Fuglarnir láta ikki her,
teir skríggja av pínu.

*

I find a bird's skull on the beach.
We never find the skeletons of people.
The eye sockets are black.
We just dump our dead into holes in the ground
outside churches.
It grieves me.
In Paris, I once saw stacks of skulls.
I don't know the names of the birds here.

When John James Audubon
was thirty-four years old,
he decided he was going to paint watercolors
of every bird in America.
His *Birds of America* gradually appeared
between 1827 and 1838.

Audubon painted over 700 birds
that he had shot and killed.

The birds here don't sing,
they screech in pain.

*

Eg gangi fram við brúnu sniglunum,
ið eta
hvønn annan
stillisliga.
Fram við sjónum.
Framkalli tíðir.
Í 1756 teknaði sveisarin Albrecht von Haller
eitt avskorið mannahøvd.
Í Hallersa *Fysiologi* komu vøddarørslur
ikki av mekaniskum orsøkum,
men av onkrum sum virkaði hinumegin tilvitið,
tí kunnu avhøgd høvd blinka við eygunum
og deyð djór spjálka við ørmum og beinum.
G.W.F. Hegel helt fyri,
at sanna óendaligheitin
kann ikki fatast,
at alheimurin er ein elementarpartikul
í einum størri alheimi.
Tú ert mín alheimur.
Gleði meg at vera sum deyði fuglurin.

Rúmi mínum evarska lítla leikluti í øllum.
Her eg og bløðini,
sjógvurin.

*

I happen across brown slugs
devouring
each other
silently.
Close to the seashore.
Epochs evoked like developing photos.
The Swiss anatomist and physiologist Albrecht von Haller
sketched the decapitated head of a man in 1756.
In Haller's *Physiology,* muscle movement
was not the result of mechanics alone.
It was caused by something at work beyond consciousness.
That was how decapitated heads could blink their eyes
and dead animals thrash their limbs about.
G.W.F. Hegel maintained
that true infinity
could not be comprehended,
that the universe is an elementary particle
of a much larger universe.
You are my universe.
I can't wait to be like that dead bird.

I embrace my insignificant role in everything.
Here with the leaves,
the sea.

Hetta landslagið framkallar meg.
Eg læri meg at bíða.

This landscape is developing me.
I learn to wait.

*

Eg taki eina mynd
og sigi farvæl við summarið.
Hetta árið.
Heilsi
køldum
hvirlum.
Eg líti inn í heystið
og komandi veturin.
Kuldin
minnist
øll
spor.
Likamið minnist.

*

I take a picture
and say goodbye to summer.
To this year.
I give my regards
to the cold
gusts.
I look to the fall
and coming winter.
The cold
remembers
every
step.
The body recollects.

*

Mín svarta telefon
sigur, at hon einans hevur 11 prosent eftir av battarínum.
Eitt ár er farið.
Dagurin er styttur
við 3 tímum og 58 minuttum.
Eg hugsi um teg,
meðan tú fert.
Mánin er omanfyri,
meðan jørðin er undir.
Bløðini flyta seg í kvøld,
vindurin er ljóðleysur.
Regnið hoyrist
ikki av teimum undir flag.
Eri sum ein reyður flytifuglur,
ið gloymdi at flyta.
Nú er ov seint.
Eingin veit, eg eri farin.

*

My black phone
says it only has 11% battery remaining.
A year has passed.
The day has grown shorter
by 3 hours and 58 minutes.
I think of you
as you're leaving.
The moon above,
the earth below.
The leaves stir this evening,
the breeze is silent.
The sound of rain
never reaches people in their graves.
I'm like a red bird
that forgot to migrate.
Now it's too late.
No one knows I'm gone.

*

Vit eru ikki til longur.
Á sjónum
eru
aldurnar brúsandi hvítar
í myrkrinum.
Enn ber alt sín skugga.

*

We don’t exist anymore.
At sea,
waves are
churned white
in the darkness.
Everything still bears its shadow.

III.

Hví eri eg vaknaður hendan morgun í hesum
áratúsundinum, meiri enn hálvvegis móti øskuni.
Frá dreymum sum fóru fram við fjøllum og áarføri,
gjaúm Makedonskar í veldi,
til mýrilendi, summarfugladalar
har grasið livdi í slowmotion
sum eitt brot úr filminum *Stalker* hjá Tarkovskij.

Why did I wake up, more than halfway to ash,
on this morning in this new millennium.
From dreams that unfolded in mountains along swollen rivers
carving ravines, Macedonian in their grandeur,
down into butterfly valleys, marshlands
where the grass swayed in slow motion
like a scene from Tarkovsky's film *Stalker*.

Teir næstu 3.000 dagarnir
eru avgerandi
fyri tíð og rúmfatan
hjá okkum her um leiðir,
                                        siga tey,
fyri sjálvan materialitetin í kvøldarlandinum,
men minnir um tín kropp í seingini
fáa meg at gloyma endan á vegnum.

They say the next 3,000 days
are critical
to our perception
of time and space
                    in this corner of the world,
crucial for materiality itself in the West,
but memories of your body in bed
make me forget the approaching end.

Sum eitt eiturkoppaspinn
er barndómurin,
ein rútma í tøgnini,
ein miniatura,
fuglaungar
traðkaðir á.

Childhood is
like a spiderweb,
a rhythm in the silence,
a miniatura,
fledglings
trod upon.

#1

Í hesum áratúsundinum
kostar dagurin tað sama hvønn dag,
nýggj sandkorn hvørva
fyri hvørja vetrarsólstrálu
gjøgum skitna rútin.
Hann er í veðurtíðindunum teir næstu tríggjar dagarnar,
lágtrýst og támut.
Í frostblómunum á rútinum,
í mánalýsinum endurspeglað í einari spann við vatni,
í óróliga svøvninum og dreymunum,
órógvaðir av dropunum,
sum banka stillisliga á rútin.

#1

In this millennium,
each day costs the same.
For every ray of winter sunlight
through the dirty window,
another grain of sand disappears.
It's written in the weather forecast these next three days,
low pressure and hazy.
It's in the frost flowers on the window,
in the moonlight reflected in a bucket of water,
in the restless sleep and dreams
disturbed by raindrops
gently tapping at the window.

#2

Ein smádrongur býr í mínum húsi,
hann kemur inn í náttklæðum
og tekur í mína hond,
hond hansara heldur um mína,
og eg varnist,
at tað eri eg
sjálvur
sum barn,
ið eri
komin at troysta
meg í kvøld.

#2

A little boy lives in my house.
He walks in, wearing pajamas,
and takes my hand.
His hand's holding mine
as I grasp
that it's me,
my childhood
self,
who's come
to comfort
me tonight.

#3

Enn er dagurin sama bláa tannbustin,
og bláa anti-plakk-tannkremið,
                    ið smakkar av 1977,
tá eg vitjaði ommu mína á sjúkrahúsinum í Klaksvík.
Fýra ár seinni, ein annan dag,
har vetrarsólin litaði alt gylt,
                    doyði hon.
Tann dagin spældi Stjørnan javnleik móti Kyndli í
                    KÍ-høllini.
Fregattin Peder Skram sendi eitt Harpoon missil
og sprongdi fýra summarhús á Sælandi í luftina.
61 ára gamli Barney Clark gjørdist fyrsti persónurin,
sum fekk eitt mannagjørt hjarta.
Allar 9 gongustjørnur stóðu á rað somumegin sólina.

#3

Today still holds the same blue toothbrush
and anti-plaque toothpaste
    that smack of 1977,
when I visited my grandma at the hospital in Klaksvík.
Four years later, on yet another day
the winter sun gilded,
    she died.
Stjørnan played a draw against Kyndil that day
    at the handball arena in Klaksvík.
The frigate Peder Skram accidentally fired a Harpoon missile
and blew up four summer cottages on the island of Zealand.
Sixty-one-year-old Barney Clark became the first person
to receive an artificial heart.
All nine planets lined up on the same side of the sun.

#4

Góða omma,
meðan jørðin melur
um seg sjálva,
hvørva vit
brosandi
og spakuliga
uttan spor.

#4

Dear grandma,
while the world spins
about its axis,
we smile
and slowly
disappear
without a trace.

#5

Heidegger skrivaði um dagin,
at gjøgnum keðsemið
kalla gerandisdagurin
og heimurin á teg.
Hann er sum mjólkin í havragreytinum,
blekkið á brøvunum á borðinum
við reyðum og grønum svenskum frímerkjum á,
riðilin av tómum vínfløskum í skápinum,
niðurbrunnu stearinljósini í stakunum,
láturliga upphæddin á kontuni,
tekstsjónvarpið (fleiri deyð í arabiska heiminum).
Soleiðis er hesin dagur
og hinir eisini.

#5

Heidegger once wrote
that everyday life
and the world call to you
through boredom.
Through the milk on your porridge,
the ink on the envelopes, stacked on the table,
with the red and green Swedish stamps affixed to them,
through the empty wine bottles lined up in the cabinet,
the guttered stubs of candles in candlesticks,
the ridiculously low balance in your bank account,
the scrolling news ticker (more death in the Arab world).
That's how this day is going,
and so went the others.

**Leingist tú heim, hevur tú longu mist alt,
sum tú longdist eftir.**

If you long for home, you've already lost everything you longed for.

Leingist tú ikki heim, hevur tú longu mist alt, sum tú ikki leingist eftir longur.

If you don't long for home, you've already lost everything that you don't long for any longer.

Summarið er fylt
við teknum uttan frámerki.
Ein lítil eiturkoppur
gongur á tapetinum,
vendir við og fjalir seg.
Frá fjarskotnum
fjallatromum
drotningarfirvaldar.
Skeivt
arkiveraðar tíðir.

Summer is full
of signs without singularity.
A little spider
crawls on the wallpaper,
turns around, and hides.
From distant
mountain cliffs,
bedstraw hawk-moths.
Incorrectly
catalogued epochs.

Tvær ferðir undir eikitrøunum í Washington Square Park
misti eg vitið av einsemi millum milliónir av gulum bløðum.
Aftan á samanbrotið og hugin til at renna oman á 9th Street
at keypa ein hvítan puddilhund
savnaði eg toftina av mær sjálvum saman.
Roykti eina bláa Gauloises
og keypti ein bakka av jarðberjum,
slitin tók eg L-linjuna til Brooklyn
gjøgnum milliónir av ókendum býarpørtum.
Enn sita gulu bløðini føst undir skónum
sum nýskitnir hundalortar.

Twice under the oak trees of Washington Square Park,
I lost my wits from loneliness among millions of yellow leaves.
After my breakdown, and the urge to run down to 9th Street
and buy a white poodle,
I pulled myself together.
Smoked a blue Gauloises
and bought a carton of strawberries.
Exhausted, I took the L line to Brooklyn
through millions of the city's unfamiliar corners.
The yellow leaves are still stuck to the soles of my shoes
like fresh dog turds.

Eg særdi fotografin við gamla
hálvtrýssara Rolleiflexmyndatólinum
á Avenue A,
tá eg bað hann fara av helviti til,
sum ein hustlara í East Village.
Í betonghimmalinum
syngja nógv kór av djevlum
vakrar sangir um
menniskjað.

I offended the photographer with the old
'50s Rolleiflex camera
                              on Avenue A
when I told him to go to hell
like he was a hustler in the East Village.
In this concrete heaven,
many choirs of devils sing
                              beautiful songs about
                                        humankind.

Ert tú føroyingur?

Tú ert ein veruligur føroyingur!

Tú ert ein veruligur føroyingur, ið býr í New York?

Ert tú ein veruligur føroyingur!

Føroyingur?

New York?

Føroyingur!

You're Faroese?

You're an actual Faroese person?

So you're a real Faroese person who lives in New York?

You really are Faroese!

From the Faroe Islands?

New York?

Faroese!

Eg veit heldur ikki,

hvar í heilanum

tankar um gamlar damur liva,

kanska í partinum

sum hýsir minninum

um ein brendan film

í Vester Vov Vov biografinum

á Vesterbro

eitt mánakvøld

í september.

I also don’t know

exactly where in the brain

musings on ex-lovers live,

maybe in the part

that holds the memory

of that film reel catching fire

at Vester Vov Vov movie theater

in Vesterbro

one Monday evening

in September.

Í nátt gránaðu seks ella sjey hár,
onnur duttu av høvdinum.
Sjálvt um eingin sær tað á mær,
hoyrdi eg leyvið
grógva í nátt uttan fyri vindeygað.

Six or seven hairs turned grey last night,
others fell out.
Even though no one can tell by looking at me,
I heard the leaves
growing outside my window last night.

Hvat hjálpti tað okkum,
um vit svóvu,
nurtu við kalda húð,
ótu á matstovum
við havið,
á fleiri kontinentum.
Kirsiberjatrøini blóma í mai.

What good would it do us
if we slept,
if our cold skin touched,
if we ate in restaurants
by the sea
on several continents.
Cherry trees bloom in May.

HEIMURIN ER GAMAL OG NÚ ER KALT

THE WORLD IS OLD AND NOW IT'S COLD

STATT Í HEGLINGSÆLINUM Í HESI ØLDINI OG VIGA TÍNAR DREYMAR

STAND IN
THE HAIL SHOWER
OF THIS CENTURY
AND WEIGH
YOUR DREAMS

IV.

Hendur, sum halda um meg enn.

Sum grannagentan,

ið eg altíð vildi leiða,

tí eg ræddist stórar bilar,

serliga gular gravkýr.

Í døpurhuga standa tær einsamallar—hendurnar.

Sum alt tað ósagda og ikki hoyrda,

ið tú mást lesa millum reglurnar

í okkara mentan.

Hands, wrapped around me still.

Like the girl next door

whose hand I always wanted to hold

because I was afraid of big machinery,

especially yellow excavators.

Alone and at a loss here—these melancholy hands.

Like everything that's unspoken and unheard

that you have to read between the lines

in our culture.

Tá ið telefonin ringir í hesum áratúsundinum,
tosar røddin í hinum endanum
um at tey stóru trøini skulu eisini fella.
Eisini vit, sum eru krøkt inn í heimsmaskinuna
við tretivu ára lánum og túsund ára dreymum,
ið ongantíð gjørdust veruleiki.
Hendan samrøðan bíðar okkum øllum.
Aðrar eisini.

When the phone rings in this millennium,
the voice on the other end speaks
of how the great trees must also fall.
Even us, mangled as we are in the gears of this world
with our thirty-year loans and our millennial dreams
that never came true.
This conversation awaits us all.
                                        Others, too.

Onkur ruddar sovikamarið,
onkur hevur sagt farvæl,
sagt seg úr starvi,
kókað ræst kjøt,
skrivað eitt bræv við penni
á pappír, brævbjálva við frímerkjum á.

Ein hevur sæð mýggjabitar í mars,
onkur etur ein ís.

Ein límar ein brotnan kaffikopp.

Ein er væl eldur, siga tey.

Hetta áratúsundið grulvar enn.

Eg eri farin at telja niður.

Someone's cleaning a bedroom,
someone's said goodbye,
quit a job,
boiled fermented lamb for dinner,
written a pen-and-paper letter
and put it in an envelope with a stamp on it.

Somebody's seen mosquitoes in March,
someone else eats an ice cream cone.

Somebody's glueing a broken coffee cup back together.

So-and-so's aged well, they say.

This millennium is still crawling on all fours.

I've started counting down.

Í kvøld kaga vit inn í rúgvuna
av ósøgdum orðum,
har tað einaferð vóru
eg og tú.
Undir tjøraðum húsatekjum
millum kavafannir
óendaligt regn.
Lat fara,
at vit
sum
alt annað
missa
ljósið,
kvøldini
og
kavafannir.

This evening we take a peek into the pile
of unspoken words
where once there was
you and I.
Under tarred rooftops,
between snowdrifts,
endless rain.
Never mind
that we,
like
everything else,
lose
the light,
the evenings,
and
the snowdrifts.

Reyða setrið í bussinum er enn heitt,
tí onkur hevur sitið í tí.
Ein rødd lesur andlát í útvarpinum.
Vit tiga eina løtu.
Aftur skulu vit granska konfirmatiónsmyndir frá
Oyndarfjarðar kirkju
várið 1954.
Ræstan fisk og kaffi omaná.

Millum barnavognar, líkbilar og tjóvskar krákur
fer dagurin á glið.
Tann seinnapartin, tú læt eyguni aftur,
rann ein føroysk kvinna maraton í Prag
við tíðini 2:50:57.
Mannfrøðingar kundu staðfesta at *Homo sapiens*
og Neandertalarar fingu avkom,
teirra ílegur eru í okkum.

Granskarar í Geneve komu nærri at finna Higgs
boson í CERN royndarstøðini,
sjálvt um hetta kundi skapt eina nýggja galaksu
og sprongt jørðina.
Enn koyra býarbussarnir við reyðum setrum.
Døggin inni í bussinum
fær øll at líkjast komandi spøkilsum.

The red seat on this bus is still warm
from the last person who sat on it.
A voice on the radio reads the death notices.
We go quiet for a moment.
We're on our way back to study photographs
from the confirmation at Oyndarfjørður Church
in the spring of 1954.
Fermented fish and then coffee after.

Between baby carriages, hearses, and thieving crows
the day slips away.
That afternoon you closed your eyes for the last time,
a Faroese woman ran a marathon in Prague
with a time of 2:50:57.
Anthropologists confirmed that *Homo sapiens*
and Neanderthals had offspring,
their genes are in us.

Scientists in Geneva got closer to discovering the Higgs
boson in the CERN particle physics research laboratory
even though this could have created a new galaxy
and blown up the earth.
The city buses with red seats are still running on time.
The condensation inside the bus
makes everyone look like impending ghosts.

Mín íbúð er tóm, bert ein hvít súla
heldur loftinum uppi,
elektriskar perur hanga
niður á gólv, sum eitt lýsandi likam
toygt millum tøgn og tímar
lýsa tær á myrku fýrakantarnar,
ið myndirnar hava sett á veggin,
sum eitt palimpsest.
Skjótt býr onkur annar her,
sum onkur annar búði her undan mær,
ið eg heldur ikki kendi.
Ein pera undir loftinum blinkar,
hon er við at bresta.
Eg taki fotomyndir niður av vegginum.
Á einari svart-hvítari mynd situr tú sjálvur
í grønum gummistivlum aftan fyri garasjuna
tvey ára gamal og etur smáar steinar.
Eg havi nú blakað tríggjar konteynarar
av minnum burtur,
søgan skal byrja umaftur,
eg vil síggja heimspartar fara framvið,
men sambandið millum øldir
er ikki so gott,
sum eg helt tað vera.

My apartment is empty, only a white column
holds the ceiling up.
A string of bulbs dangles
down to the floor, like a luminous body
drawn between silence and time,
shedding light on the dark squares
that pictures cast on the wall,
a palimpsest.
Soon someone else will live here,
just like someone else I didn't know
lived here before me.
One of the lightbulbs hanging from the ceiling flickers,
she's about to blow.
I take photographs down off the wall.
In one black and white photo, there I sit
at two years old, wearing green wellies
and swallowing small stones behind the garage.
Now that I've thrown three boxes
of memories away,
the story's going to start over.
I want to watch continents go by,
but the connection between centuries
isn't as good
as I thought it would be.

Eg vil byggja ein vegg
av smáum fýrakantaðum jarnkassum
í mínum hugaheimi
og gera eitt arkiv yvir alt,
sum eg gloymdi her.

Aftaná klæðini eru brúkt,
húsini eru givin til onnur,
gøturnar hava skift nøvn,
er eitt fjall av klæðum,
myndum,
sloknaðum perum.

Eitt savn av hjartasláttri
millum hitt farna
áratúsundið
og
hetta.

I want to build a wall
of small, iron boxes
in my mind
and make an assemblage of everything
I forgot here.

After the clothes are worn,
the houses are bequeathed to others,
and the streets have been renamed,
all that remains is a mountain of garments,
pictures,
burned-out bulbs.

A collection of heartbeats
between the bygone
millennium
and
this.

Til allar rustaðar takrennur,
føroysku vetrartyngdina.
Tykkum, ið enn smíða okkara søgu.
Veðurlagsbroytingarnar
og røddina í tær sjálvum,
ið tú ikki hoyrir longur
—minnist til at bert Føroyar loyva okkum
at trúgva upp á okkara egnu metaforar.

Til sangarar ið hava gingið
eftir øllum svørtum líkbilum,
eftir øllum landavegum í heiminum,
eisini tykkara eymu føtur skulu fáa frið
í hesum áratúsundinum,
frá Lima til Skopje og til Havnar.

For all rusted gutters,
and the depressions of a Faroese winter.
For all of you who are still forging our history
despite the ever-changing climate
and the voice inside you
that you can no longer hear
—remember that only the Faroe Islands allow us
to believe in our own metaphors.

For the processions of singers that have walked
behind all the black hearses
down all the main streets of the world,
even your weary feet will have peace
in this millennium,
from Lima to Skopje and all the way to Tórshavn.

Til oyggjabúgvar,
ið hoyra aldurnar í nátt
og vita,
hvussu tað er
at vera menniskja
eina løtu millum hav og fjøll.

Til altjóða brøðra- og systrafelagsskapin
hjá teimum svøvnleysu
(klokkan 04:48 taka flest lívið av sær).

Tey, hvørs kenslur hava vit og skil
og eitt hjarta, sum hugsar.

Tit, ið væl vita,
at tað eru eingi verulig landamørk
á okkara gongustjørnu.

At sjálvt altjóða heimsrepublikkin av bókmentum
hevur ikki somu linjur á kortinum
sum restin av heiminum.

For all the island dwellers
who hear the waves tonight
and know
how it is
to be human
for a moment between mountain and sea.

For the international brother and sisterhood
of insomniacs
(most take their lives at 04:48).

For those whose emotions have sense and sensibility
and a heart that reflects.

For all of you who know all too well
that there aren't any real boundaries
on our planet.

Even the international republic of world literature
doesn't correspond to the lines on the map
that govern the rest of the world.

Í hesi øldini
vil eg enda sum eitt raritetskabinett
fylt við tingum,
eg havi dragsað eftir mær,
búkurin,
hárið á arminum,
slóðin av skrambli,
spor.

In this century,
I'll end up as a curio cabinet
full of things
I've dragged along with me:
a flabby gut,
the hair on my arm,
a trail of debris,
traces.

Vetrarnætur
vil eg seta
allar dagar á rað
í einum glaskassa
við einari nál
gjøgnum hvønn.
Seinastu nálina
skal onkur stinga
gjøgnum meg.

On winter nights,
I want to line
all the days up in a row
inside a glass display case
with a pin
through each one.
Someone will
have to stick the last
pin through me.

Eg kann sova allan dagin,
vera uppi alla náttina,
altíð missi eg okkurt burtur.
Ryggurin sum flytur seg burtur
á dekkinum á eini ferju.
Eg fylgi eini ferju,
eg fylgi mær sjálvum,
ferðandi móti miðaldrinum.

I can sleep all day,
stay up all night.
I'm always losing something along the way.
Like that back that's turned and walking away
on the deck of a ferry.
I follow the ferry,
I follow myself,
heading into middle age.

Sum ungur skrivaði eg brøv til tín,
ið andaðu av kenslum
og vantandi trúgv upp á meg sjálvan.
Sum bleiktrandi lanternur sendar millum lond,
har eikin altíð misti síni bløð,
bóru brøvini dreymar um eina aðra tíð.
Enn er ein leivd av bálinum,
í glæmuni hómast
dust frá veingjunum
av admiráli og heystspannara.

When I was young, I wrote you letters
vivid with emotions
and a lack of self-confidence.
Like flickering lanterns sent between lands
where oaks always lost their leaves,
the letters bore dreams of another time.
Embers of the fire remain,
the faint glow grants a glimpse
of dust shed from the wings
of red admiral and twin-spot carpet moths.

Tebløðini søkka í koppinum.
Droparnir renna eftir granatsúreplum.
Ljósið fellur sum strípur
millum føturnar á henni,
          skógarbotnurin livandi.

Tea leaves sink in the cup.
Drops of water glide down pomegranates.
Rays of light fall in stripes
between her feet,
        the forest floor comes alive.

Í hesum áratúsundinum
ert tú sum ein fuglur flogin inn í ein rút,
eitt gloymt landslag,
eitt støðgað ur á arminum,
gulnað tapet á vegginum.
Sum hin einasti gesturin
á øllum hotellinum.
Hatar tú teg sjálvan í hesum býnum,
ert tú ikki einsamallur.

In this millennium,
you are like a bird that flew into a window,
a forgotten landscape,
a watch stopped on a wrist,
yellowing wallpaper.
Like the only guest
at every hotel.
If you hate yourself in this town,
you are not alone.

Meðan septemberkvøld kámast í støvuta regninum,
og billjósini lita loftið reytt á Café Blå Time,
eru støð, sum enn krógva lyklarnar fyri tær.
Nú skuggin av tjúgu árum í hesum býnum
gongur undir liðini á okkum,
eru vit ávegis inn í fyrstu ráligu oktoberkvøldini,
har húsatekjan gløðir í sólini
yvir Kronprinsessegade
og portrið fer upp og aftur í vindinum,
sum tað gjørdi fyri tjúgu árum síðani í kvøld.

While September evenings fade in the dusty rain,
and taillights tint the ceiling red at Café Blå Time,
there are places still hiding the keys from you.
With the shadow of twenty years in this town
walking alongside us,
we're on our way into the first raw evenings of October.
Above Kronprinsesse Street, the rooftop
of my place is glowing in the sun.
The gate blows open and shut in the wind,
just like it did on this evening twenty years ago.

Hvat so um tú ert skít á gomlum fotomyndum,
um ein skuggi hevur gingið aftan á tær
sum ein smæðin risi,
so er myrkrið í miðjuni
av tíni sál títt egna,
um so sjálvt himmalin
er partur av tyngdarlógini,
so flyta vit okkum
við innari myndatólum
millum tey deyðu
og heilsa gáloysin
grannakonuni, sum doyði í 1989.
Eingin kann ganga aftureftir.
Í morgun var hasin stóri ljósabláí
summarfuglurin ein ormvera.

So what if you're drunk in old photographs,
and a shadow has always followed you
like a bashful giant.
The darkness at the center
of your soul is your own,
even if the sky
is subject to the laws of gravity.
We go through life
with our internal camcorders
panning between the dead,
and we give our regards to the distrait
neighbor-lady who died in 1989.
No one can rewind back to the beginning.
This morning that big, light-blue
butterfly was a caterpillar.

Áir, ið renna millum heimspartar,
eru líkasum streymur,
sum flóð ella fjøra,
ið ikki hugsa um,
hvørja strond tey hava broytt í nátt.
Soleiðis er
við kensluni,
sum einaferð var,
ið nú er horvin
sum fuglarnir
sum verpa smá grøn egg.
Hon er burtur hvønn morgun
tá vit drekka Neskaffi og síggja,
at reyða vetrarrósan
í urtapottinum í vindeyganum
er farin at spretta.

Rivers that run between regions
are essentially currents,
like the ebb and flow of tides
that don't think about
which shores they've altered during the night.
That's how it is
with the feeling
that comes
and goes
like the birds
that lay small green eggs.
It's gone each morning
when we drink Nescafé and notice
that the red, winter rose
in the flower pot on the windowsill
is starting to bud.

Eg veit ikki, hvat eg havi
gloymt í farnu øld,
uttan mín ungdóm,
Berlinmúrin og Ronald Reagan,
kanska ein frakka
á onkrum knagga
til okkurt morgunball
við tínum telefonnummari
í lummanum,
ið eg ongantíð ringdi til.

Orsaka tú
og
orsaka,
tjúgunda øld,
at eg ikki ringdi.

Eg hugsi ikki ofta um tykkum.

I don't know what all I have
forgotten in the last century,
aside from my youth,
the Berlin Wall, and Ronald Reagan.
Maybe a coat
on some rack
at an after-party,
and your phone number
that I never called
was in the pocket.

Apologies to you
and
sorry,
twentieth century,
that I didn't call.

I don't think about you two very often.

Eg vil drekka alt.
Alt skal streyma ígjøgnum okkum.

Eingir fuglar. Eg kundi doyð her. Í hesum áratúsundinum.

I want to drink everything.
Everything is going to surge through us.

No birds. I could die here. In this millennium.

ACKNOWLEDGMENTS

All of the support that this collection has received through the years is deeply appreciated and gratefully acknowledged. Our heartfelt thanks go out to: the American-Scandinavian Foundation, the Faroese Cultural Foundation, the Danish Arts Foundation, Nordic Culture Point, the Baltic Centre for Writers & Translators, Deep Vellum Publishing, Vild Maskine, PNV Publishing, and FarLit.

We also wish to thank the editors and staff of the publications in which translations from this collection first appeared: *Asymptote, Best Literary Translations 2025, Four Way Review, The Ilanot Review, Loch Raven Review, Norske Forfatternes Klimaaksjon, Scandinavian Review,* Trafika Europe's *Essential New Literature of Europe's Lesser-Known Languages,* and *Washington Square Review.*

ABOUT THE AUTHOR & TRANSLATOR

Kim Simonsen is a Faroese writer and researcher from the island of Eysturoy. He studied creative writing at Forlaget Gladiator's Writing Academy in Copenhagen and completed his PhD in Nordic Literature in 2012. Simonsen has authored seven books as well as numerous essays and academic articles. He is the founder and managing editor of Forlagið Eksil, a Faroese press that has published over twenty titles. In 2014, Simonsen won the M.A. Jacobsen Literature Award for *Hvat hjálpir einum menniskja at vakna ein morgun hesumegin hetta áratúsundið* (What good does it do for a person to wake up one morning this side of the new millennium). Simonsen's latest poetry collection, *Lívfrøðiliga samansetingin í einum dropa av sjógvi minnir um blóðið í mínum æðrum* (The biological composition of a drop of seawater is reminiscent of the blood in my veins), was nominated for the 2024 Nordic Council Literature Prize. His books have been translated into Danish, Macedonian, Italian, Hungarian, German, and Russian.

Randi Ward is a poet, translator, lyricist, and photographer from West Virginia. She earned her MA in Cultural Studies from the University of the Faroe Islands and has twice won the American-Scandinavian Foundation's Nadia Christensen Prize. Her work has appeared in *Asymptote, Words Without Borders, World Literature Today,* and other publications; her work has also been featured on Folk Radio UK, NPR, and PBS Newshour. She is a recipient of Shepherd University's Appalachian Photography Award, and Cornell University Library established the Randi Ward Collection in its Division of Rare and Manuscript Collections in 2015. The government of the Faroe Islands honored Ward with Heiðursgáva Landsins, a national award for distinguished service to Faroese culture, in 2024. This marked the first time that the honor was given to a person who is not a citizen of the Kingdom of Denmark. For more information, visit randiward.com.

www.ingramcontent.com/pod-product-compliance
Lightning Source LLC
Jackson TN
JSHW071816120825
89048JS00005B/1

* 9 7 8 1 6 4 6 0 5 3 7 2 8 *